PIERRE-EMMANUEL MALISSIN
Syllabaire Editions

Cuisine mijotée

TOME 15

Collection Cuisine et Mets

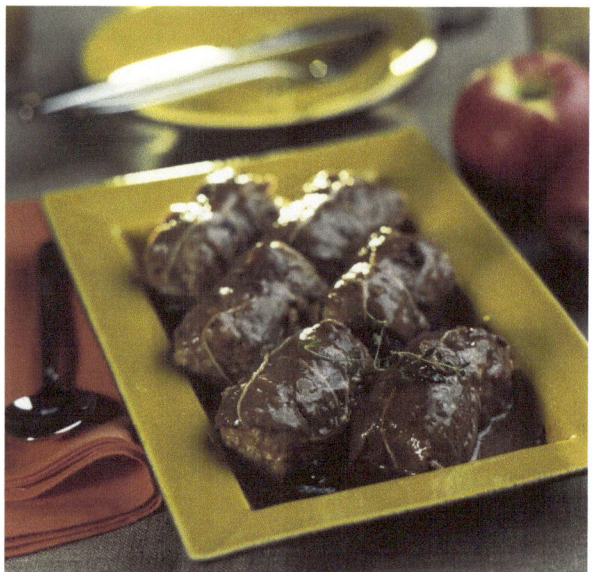

CUISINE ET METS
La Collection papier

18 tomes disponible sur amazon

 la cuisine du soleil
 les fruits du soleil
 pâtes à l'italienne

 risottos
 gourmandises
 hors d'œuvres

 recettes de fêtes
 new-york desserts
 crèmes et veloutés

 cuisine familiale
 chocolat
 smoothies

 glaces et sorbets
 verrines
 gourmandises de fêtes

CUISINE ET METS
La Collection numérique

18 tomes disponible sur amazon

 la cuisine du soleil
 les fruits du soleil
 pâtes à l'italienne
 risottos

 gourmandises
 hors d'œuvres
 recettes de fêtes
 new-york desserts

 crèmes et veloutés
 cuisine familiale
 chocolat
 smoothies

 cuisine mijotée
 glaces et sorbets
 verrines
 gourmandises de fêtes

Disponibles également sur
APPLE, KOBO, FNAC, GOOGLE PLAY et boutique SYLLABAIRE

Caponata sicilienne

Cuisson : 50 min   **Difficulté :** facile

INGRÉDIENTS POUR 6 PERSONNES

1 kg d'aubergine
250 g d'oignons
50 g de câpres au vinaigre
500 g de tomates
50 g de vinaigre de vin blanc
Huile d'olive
30 g de gros sel

500 g de céleri branche
200 g d'olives vertes dénoyautées
60 g de pignons
50 g de sucre
Basilic
Sel

PRÉPARATION 40 MIN.

Laver et couper les aubergines en cubes. Saupoudrer de gros sel et laisser dégorger.

Laver et couper le céleri en tronçons de 1 cm, le faire blanchir dans de l'eau bouillante pendant 5 min.

Peler et émincer les oignons. Les faire revenir à la poêle avec de l'huile d'olive, une fois les oignons fondants ajouter les olives, les pignons et les câpres. laisser mijoter 10 min.

Pendant de temps laver et hacher grossièrement les tomates. Ajouter dans la poêle. Laisser mijoter 20 min.

Faire revenir le céleri à l'huile d'olive dans une autre poêle, puis réserver.

Après une heure, rincer et sécher les aubergines et faire frire à l'huile d'olives, puis ajouter à la tomate. Ajouter le céleri, le sucre et le vinaigre de vin blanc.
Laisser mijoter 15 min.
Hacher le basilic et ajouter.

Servir chaud ou froid.

Caponata sicilienne

JARRET DE VEAU BRAISÉ AU CIDRE

Cuisson : 1h30 min   **Difficulté :** facile

INGRÉDIENTS POUR 6 PERSONNES

1 jarret de veau
1 oignon
4 pommes de terre
Thym
Sel
10 cl de fond de veau

2 échalotes
2 tomates
1 verre de cidre
Laurier
Poivre
Huile d'olive

PRÉPARATION 30 MIN.

Éplucher et émincer les oignons.
Laver et couper les tomates en quart.

Faire revenir l'oignon et l'échalote dans une cocotte avec de l'huile d'olive. Ajouter le jarret et le faire dorer de tous les cotés. Déglacer avec le cidre. Laisser réduire quelques minutes.
Ajouter le fond de veau, les tomates, le thym, le laurier et quelques tours de moulin à poivre.

Cuire à couvert 1h30.

Peler les pommes de terre, couper les en deux ou quatre suivant grosseur et les ajouter 30 min avant la fin de la cuisson. Gouter et saler si nécessaire.

Servir le jarret découpé avec ses petits légumes.

Jarret de veau braisé au cidre

SOURIS D'AGNEAU AUX HARICOTS BLANCS

Cuisson : 1h30 min   Difficulté : facile

INGRÉDIENTS POUR 4 PERSONNES

4 souris d'agneau   40 cl de vin blanc sec
2 échalotes   2 gousses d'ail
Thym   Laurier
1 c. à café de fond de veau déshydraté   1 bouquet garni
400 g de haricots blancs (coco, lingots, tarbais...) Sel
Poivre   Huile d'olive

PRÉPARATION 20 MIN.

La veille, mettre à tremper les haricots dans un grand volume d'eau froide.

Le lendemain :

Préchauffer le four à 160°C.

Peler et émincer l'échalote.
Peler et dégermer l'ail.
Délayer le fond de veau dans un demi verre d'eau.

Faire dorer les souris d'agneau dans une cocotte allant au four (de préférence en fonte) avec de l'huile d'olive, l'ail et l'échalote.
Déglacer au vin blanc, ajouter le laurier, le thym. Couvrir et enfourner 1 heure.

Pendant ce temps égoutter les haricots et les cuire à l'eau bouillante.

Aprés une heure, ajouter les haricots égouttés, puis le fond de veau, saler, poivrer. En saison ajouter quelques tomates cerises entières.

Remettre au four 20 min.

Servir bien chaud.

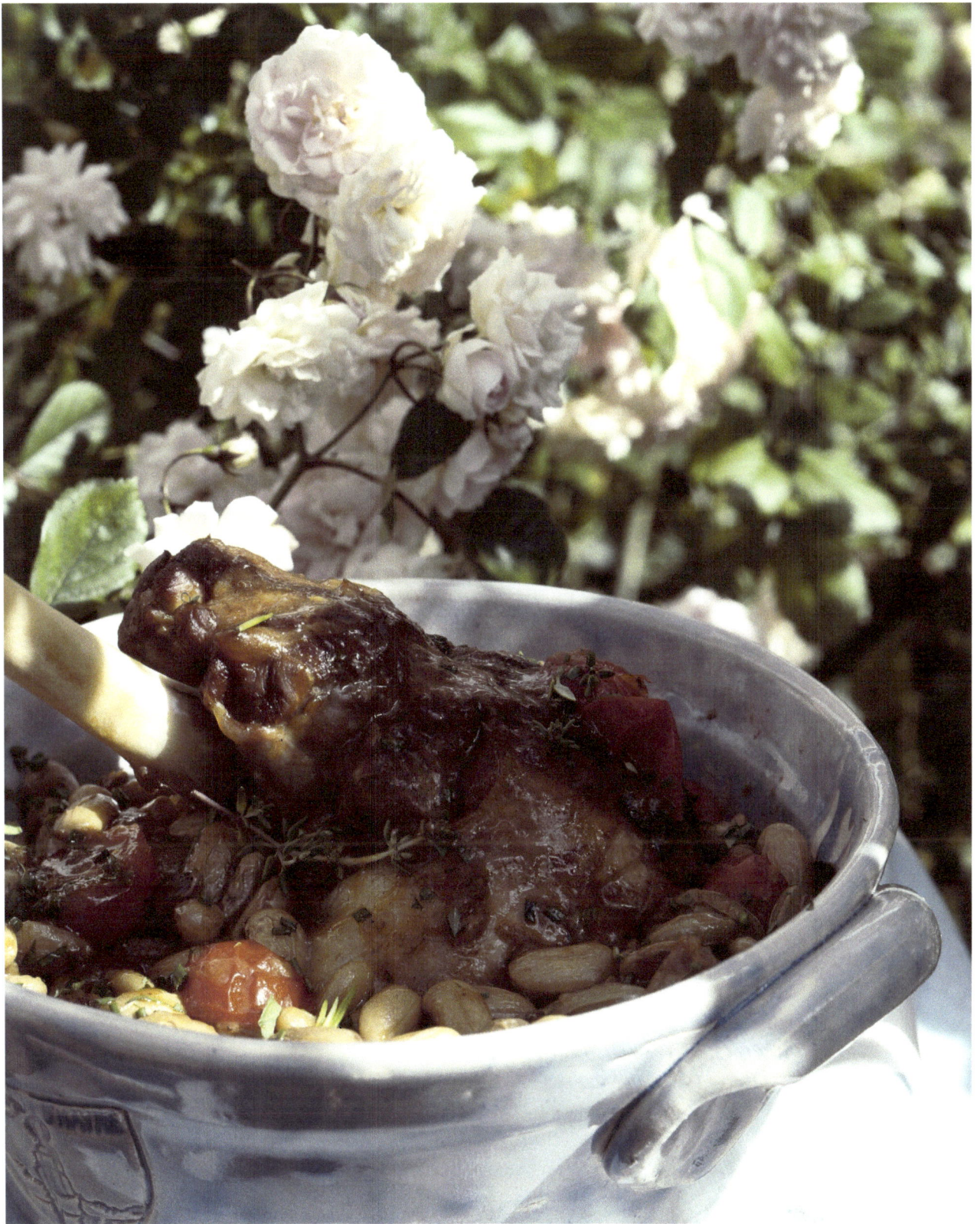

Souris d'agneau aux haricots blancs

FILET MIGNON À LA BIÈRE

Cuisson : 30 min   Difficulté : facile

INGRÉDIENTS POUR 4 PERSONNES

1 beau filet mignon de porc
1 gousse d'ail
30 cl de bière blonde
Poivre
Huile d'olive

3 échalotes
4 cuillères à soupe de fond de veau
Sel
15 cl d'eau

PRÉPARATION 20 MIN.

Peler et hacher l'ail et l'échalote. faire revenir dans une cocotte avec de l'huile d'olive.
Ajouter le filet mignon et faire dorer de tous les cotés, saler, poivrer.
Une fois bien doré, déglacer avec la bière.

Couvrir, baisser le feu et laisser mijoter 20 min.

Délayer le fond de veau dans 15 cl d'eau, ajouter dans la cocotte et laisser mijoter encore 10 min. La viande doit être bien tendre.

Couper le filet en médaillon, servir nappé de sauce avec une écrasée de pomme de terre au beurre et aux herbes.

Filet mignon à la bière

LAPIN À LA TOMATE ET AU BASILIC

Cuisson : 45 min   **Difficulté :** facile

INGRÉDIENTS POUR 4 PERSONNES

6 tomates ou 2 petites boites de tomates pelées concassées
1 lapin découpé en morceaux
150 g de lardons
3 échalotes
Herbes de Provence
Farine
Poivre

1 bouquet de basilic
20 cl de vin blanc sec
3 gousses d'ail
Huile d'olive
Sel

PRÉPARATION 15 MIN.

Fariner les morceaux de lapin, les faire dorer à l'huile d'olive dans une cocotte. Retirer et réserver.

Peler et hacher l'ail et l'échalote.

Si les tomates sont fraiches les couper en morceaux.

Faire revenir les lardons, l'échalote et l'ail, déglacer au vin blanc. Ajouter le lapin et la tomate, saler, poivrer, ajouter un peu d'herbes de Provence. Laisser mijoter 45 min.

Hacher le basilic et l'ajouter 5 min avant la fin de la cuisson.

Servir avec des pâtes fraiches.

Lapin à la tomate et au basilic

CASSOULET

Cuisson : 3h   Difficulté : facile

INGRÉDIENTS POUR 4 PERSONNES

800 gr de haricots blancs (Mongettes/ lingots/ tarbais)
1 kg de confit de canard
250 g de lard
3 oignons
3 gousses d'ail
2 bouquet garni
Sel
Eau

1 saucisson cru à l'ail
100 g de graisse de canard
3 tomates
2 carottes
2 clous de girofle
Poivre

PRÉPARATION 60 MIN.

Faire tremper les haricots 12h dans de l'eau froide.
Les cuire 1 heure dans une cocotte avec 3 l d'eau, un oignon piqué de clous de girofle, des carottes et un bouquet garni.

Pendant la cuisson des haricots, faire revenir dans la graisse de canard, le confit et le saucisson coupé en grosses tranches.
Émincer les oignons et l'ail, l'ajouter au confit.
Couper le lard en dés et l'ajouter.
Peler, épépiner et concasser les tomates, les ajouter.
Ajouter 75 cl d'eau de cuisson des haricots
Ajoutez le bouquet garni
Laisser réduire 30 mn

Dans un plat en terre cuite, verser les haricots égoutté en ayant enlevé le bouquet garni, l'oignon et les carottes. Ajouter la viande.
Arroser avec une partie du liquide de cuisson des haricots.
Saler, poivrer.
Mettre à cuire à four doux au moins 3h en retournant plusieurs fois la préparation.

Servir bien chaud.

La recette toulousaine contient des saucisses de Toulouse, les rajouter par dessus.

Cassoulet

ALOUETTES SANS TÊTE

Cuisson : 3h   Difficulté : facile

INGRÉDIENTS POUR 4 PERSONNES

6 tranches de bœufs fines (rumsteack)
1 botte de persil
15 cl de vin blanc
1 petite boite d'olives vertes
Une douzaine d'oignons grelots
Sel
Piques en bois type cure dent

100 g de lardons allumettes
2 gousses d'ail
1 boite de tomates pelées concassées
Huile d'olive
Herbes de Provence
Poivre

PRÉPARATION 60 MIN.

Peler et hacher l'ail.
Hacher le persil.
Peler les oignons grelots.
Si nécessaire taper vos tranches de boeuf pour les rendre plus fines. Suivant la longueur couper en deux ou trois morceaux.

Au centre de chaque tranches de boeuf placer un peu d'ail, de persil et de lardons allumettes. Rouler et fermer avec une pique en bois.

Dans une cocote en fonte ou en terre, mettre un fond d'huile d'olive et faire revenir la viande, puis ajouter les oignons. Déglacer au vin blanc.

Ajouter la tomate, les olives, un peu d'herbes de Provence, le reste du hachis d'ail et de persil, saler, poivrer.

Laisser mijoter 1h30.

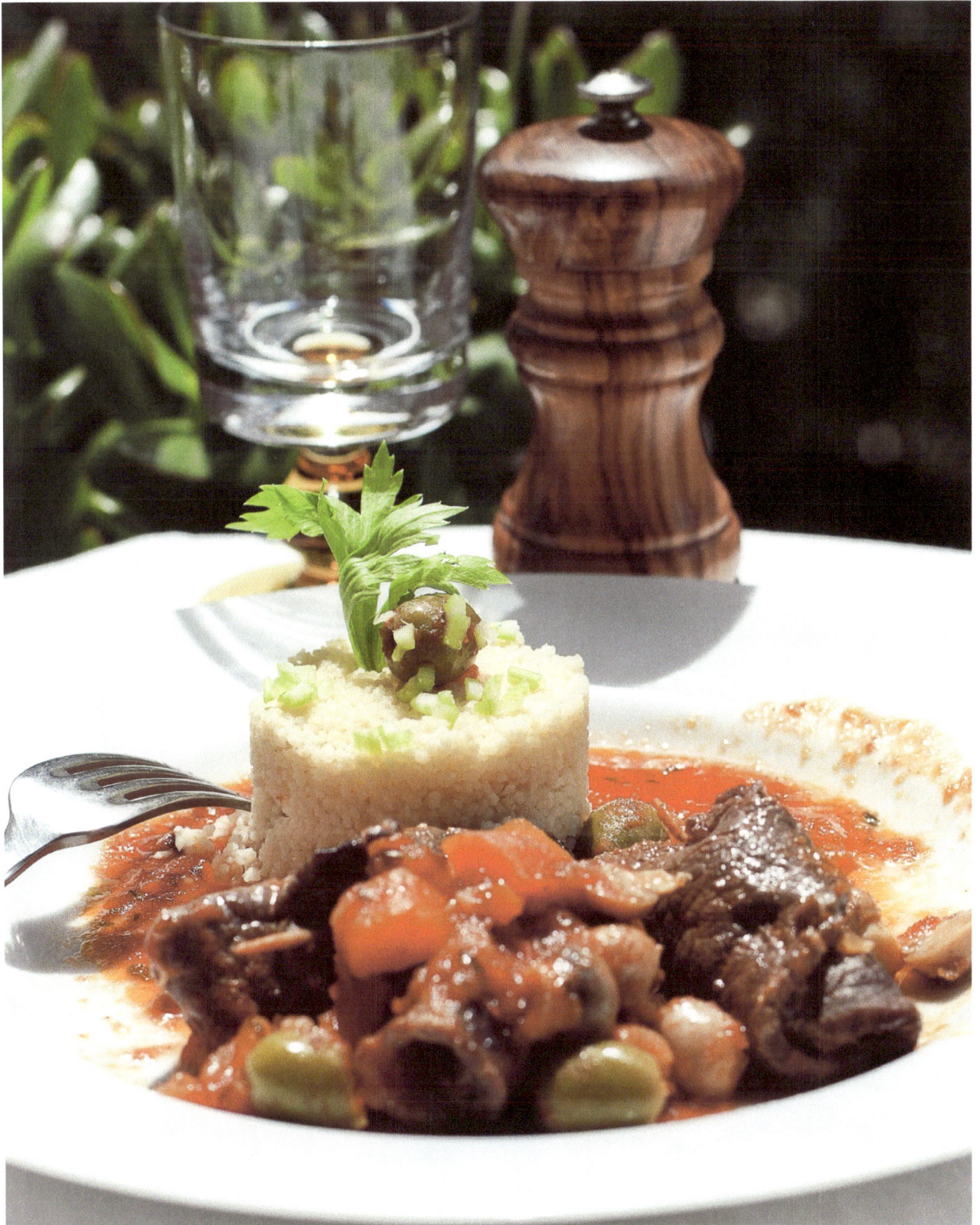

Alouettes sans tête

DAUBE DE JOUE DE BOEUF AU MADIRAN

Cuisson : 2h30   Difficulté : facile

INGRÉDIENTS POUR 4 PERSONNES

1.5 kg de joue de bœuf
20 cl de fond de veau
1 carotte
100 g de lardons fumés
1 c. à soupe de maïzena
Poivre
Pour la purée :
5 pommes de terre
Beurre

75 cl de Madiran
2 oignons
1 branche de céleri
1 branche de thym
Sel

15 cl de lait
Sel

PRÉPARATION 30 MIN.

Découper la joue de boeuf en gros cubes.

Laver, éplucher et couper la carotte en rondelles.

Éplucher et émincer les oignons.

Laver et couper le céleri en tronçons.

Dans une cocotte de préférence en fonte, faire revenir l'oignon, la carotte et les lardons, ajouter la viande, la saisir rapidement, ajouter la cuillère de maïzena, déglacer au Madiran. Ajouter le thym, le céleri et le fond de veau, saler, poivrer.

Laisser mijoter 2 h 30, jusqu'à ce que la viande soit fondante.
Une fois la cuisson terminée retirer le thym et le céleri, réserver.

Cuire les pommes de terre à la vapeur, réduire en purée, ajouter le lait et une bonne noix de beurre,
Saler, poivrer.

Servir la daube bien chaude avec sa purée.
Servir bien chaud.

Le madiran est un vin rouge AOC du sud ouest.

Daube de joue de boeuf au Madiran

CIVET DE PORC

Cuisson : 1h30 min   Difficulté : facile

INGRÉDIENTS POUR 6 PERSONNES

1,400 kg d'échine de porc
5 carottes
1 bouquet garni
1 l de vin rouge
Sel
Quelques feuilles de sauge

2 oignons
200 g de lard
30 g de farine
2 clous de girofle
Poivre

PRÉPARATION 20 MIN.

Laver et couper les carottes en rondelles, peler et émincer un oignon.

Couper la viande en cubes et le lard en dés.

La faire dorer dans de l'huile dans une cocotte avec le lard. Saupoudrer de farine
Ajouter les carottes, l'oignon émincé et le vin rouge.
Ajouter le bouquet garni, la sauge, et l'oignon piqué avec les clous de girofle, saler poivrer.

Laisser cuire 1 heure 30 environ.

Servir avec des pommes de terre vapeur, des tagliatelles ou du riz.

Civet de porc

AGNEAU EN COCOTTE

Cuisson : 1h20 min   Difficulté : facile

INGRÉDIENTS POUR 6 PERSONNES

800 g de sauté d'agneau ou d'épaule d'agneau coupées en cubes
20 cl de vin blanc ou de bouillon de légumes
1 grande boite de tomates pelées concassées
2 échalotes   6 grosses pommes de terre
1 feuille de laurier   Huile d'olive
1 gousse d'ail   2 brins de romarin
Sel   Poivre

PRÉPARATION 25 MIN.

Peler, dégermer et hacher l'ail.

Éplucher et hacher l'échalote.

Effeuiller et hacher le romarin.

Faire revenir l'ail et l'échalote à l'huile d'olive dans une cocotte, ajouter l'agneau et le saisir.
Ajouter le vin blanc ou le bouillon laisser réduire.
Ajouter la tomate, le romarin, le laurier, saler, poivrer.
Couvrir la cocotte et laissez mijoter 40 min.

Pendant ce temps, peler les pommes de terre et les couper en gros morceaux.
Au bout des 40 min ajouter les pommes de terre dans la cocotte, couvrir et laisser mijoter encore 20 min au moins, au besoin ajouter un peu de bouillon.

Servir bien chaud.

Agneau en cocotte

BOEUF BRAISÉ AUX CAROTTES

Cuisson : 1h30 min Difficulté : facile

INGRÉDIENTS POUR 6 PERSONNES

1 kg de de boeuf à bourguignon
4 pommes de terre
2 gousses d'ail
1,5 l de bouillon de légumes
Huile
Laurier
Poivre

4 carottes
1 oignon
25 cl de vin blanc sec
2 c. à soupe de concentré de tomate
Thym
Sel

PRÉPARATION 20 MIN.

Peler et couper les carottes en rondelles.
Peler et émincer les oignons.
Peler et hacher l'ail.

Dans une cocotte de préférence en fonte faire revenir l'ail, l'oignon et la viande quelques minutes, ajouter les carottes, bien mélanger. Saler, poivrer.
Déglacer au vin blanc, laisser réduire.
Ajouter le bouillon de légumes, le thym et le laurier, laisser mijoter 1 heure.

Peler les pommes de terre, couper en gros morceaux.
Ajouter les pommes de terre et le concentré de tomates, laisser mijoter encore 30 min au moins.

Servir bien chaud.

Boeuf braisé aux carottes

Ragoût épicé de boeuf aux haricots rouges

Cuisson : 2h30 min   Difficulté : facile

INGRÉDIENTS POUR 6 PERSONNES

750 g de boeuf coupé en cubes
1 oignon
200 g de champignons de Paris
2 cuillères à soupe de farine
2 feuilles de laurier
400 g de tomates pelées concassées

Huile d'olive
2 gousses d'ail
2 carottes
2 cuillères à soupe de paprika doux
50 cl de bouillon de boeuf
1 boite de haricot rouge

PRÉPARATION 20 MIN.

Préchauffer le four à 180°C.

Laver et couper les champignons en quarts.
Peler et hacher l'oignon et l'ail.
Peler et couper les carottes en rondelles.

Faire revenir le boeuf avec de l'huile d'olive dans une cocotte supportant la cuisson au four.
Retirer le boeuf et réserver.
Faire revenir les champignons, la carotte, l'oignon et l'ail.
Remettre le boeuf dans la cocotte.
A jouter la farine et le paprika. Faire revenir.
Ajouter le bouillon, la tomate, le laurier et les haricots rouges égouttés. Porter à ébullition.

Couvrir et enfourner 2 heures.

Servir avec du riz.

Ragoût épicé de boeuf aux haricots rouges

FILET MIGNON DE PORC AUX GIROLLES

Cuisson : 30 min   **Difficulté :** facile

INGRÉDIENTS POUR 6 PERSONNES

1 beau filet mignon de porc ou de veau (600/700 g)
2 échalotes
20 cl d'eau tiéde
Huile d'olive
Poivre du moulin

400 g de girolles
Fond de veau déshydraté
1 petit pot de crème fraiche
Sel

PRÉPARATION 20 MIN.

Peler et hacher les échalotes.

Trier, nettoyer et couper les plus grosses girolles en deux.

Faire revenir les échalotes à l'huile d'olive dans une cocote, ajouter le filet mignon et faire dorer de tous les cotés.

Retirer la cocotte du feu, récupérer le filet mignon et détailler en médaillons.

Délayer dans 2 cuillères à café de fond de veau déshydraté.

Remettre la cocotte sur le feu, déglacer avec le fond de veau, ajouter les médaillons et les girolles, saler, poivrer. Laisser mijoter 40 min.

Ajouter la crème, laisser de nouveau mijoter 10 min.

Servir avec des pâtes fraiches.

Filet mignon de porc aux girolles

Poulet aux pois chiches et à la cannelle

Cuisson : 40 min	Difficulté : facile

INGRÉDIENTS POUR 4 PERSONNES

1 poulet découpé en morceaux
1 gousse d'ail
10 cl de fond de veau
1 cuillère à café de cannelle en poudre
Sel
Coriandre

1 oignon
10 cl de coulis de tomates fraiches
1 grande boite de pois chiches
Huile d'olive
Poivre du moulin

PRÉPARATION 20 MIN.

Peler et hacher l'oignon et l'ail.

Faire revenir l'ail, l'oignon et le poulet dans une cocotte avec de l'huile d'olive, faire dorer le poulet. Délayer le fond de veau en poudre ou en dose dans 10 cl d'eau.

Ajouter le fond de veau, la cannelle et la tomate au poulet, saler, poivrer, bien mélanger.

Égoutter et ajouter les pois chiches.

Laissez cuire à couvert 40 minutes à feu doux, ajouter un peu d'eau en cours de cuisson si nécessaire.

Hacher la coriandre.
Servir chaud, parsemer de coriandre, et avec du riz basmati.

Poulet aux pois chiches et à la cannelle

BOULETTES DE VIANDE EN RAGOUT

Cuisson : 40 min   Difficulté : facile

INGRÉDIENTS POUR 4 PERSONNES

Pour les boulettes :

700 g de veau haché	1 échalote
2 tranches de pain de mie	Un peu de lait
2 oeufs entiers	1 cuillère à soupe de persil haché
Sel	Poivre
Thym	Huile d'olive

Pour les légumes :

3 carottes	400 g de petites pommes de terre
250 g de petits pois en conserve ou frais	100 g de petits champignons de Paris
1 oignon	30 cl de bouillon de volaille
2 cuillères à café de fond de veau en poudre	1 cuillère à café de concentré de tomate.

PRÉPARATION 30 MIN.

Enlever la croute du pain de mie, bien l'imbiber de lait.

Hacher le persil.
Peler et hacher l'échalote.
Bien mélanger le veau, le pain de mie, l'échalote, le persil, les oeufs, le thym, saler, poivrer.

Peler les carottes, les pommes de terre et les couper en gros morceaux.
Peler et émincer l'oignon.
Laver et nettoyer les champignons.

Dans un cocotte ou une sauteuse, faire dorer les boulettes à l'huile d'olive, retirer et réserver.

Dans la même sauteuse faire revenir l'oignon et les légumes, remettre les boulettes, ajouter le bouillon de poulet, le concentré de tomates, et le fond de veau, bien mélanger et laisser mijoter à couvert et à feu doux 40 min environ, surveiller et rajouter du bouillon si nécessaire.

Rectifier l'assaisonnement en fin de cuisson si nécessaire.

Boulettes de viande en ragout

Navarin d'agneau

Cuisson : 60 min   Difficulté : facile

INGRÉDIENTS POUR 6 PERSONNES

2 kg d'agneau en morceaux (poitrine, épaule, collier)
6 petits oignons frais
300 g de haricots verts frais
1 bouquet garni
1 cuillère à soupe de concentré de tomate
Sel

6 carottes
500 g de petits pois frais
2 gousses d'ail
2 cuillères à soupe de farine
Huile d'olive
Poivre

PRÉPARATION 30 MIN.

Couper la viande d'agneau en morceaux.

Faire revenir la viande dans une cocotte avec de l'huile.

Une fois que la viande est bien colorée, saupoudrer de farine en continuant à remuer pour bien enrober la viande.

Mouiller largement d'eau jusqu'à hauteur de la viande, ajouter le concentré de tomate, le bouquet garni, saler, poivrer.

Laisser mijoter à couvert sur feu doux pendant 30 min.

Après 30 min y ajouter les carottes en tronçons, les petits pois, les haricots verts et les petits oignons.

Poursuivre la cuisson à feu doux pendant 30 min.

En saison ajouter quelques petites pointes d'asperges verte.

Navarin d'agneau

Sauté d'agneau au curry

Cuisson : 1H30	Difficulté : facile

INGRÉDIENTS POUR 6 PERSONNES

1,2 kg d'agneau coupé en morceaux moyen
3 gousses d'ail
1 grande boîte de tomates pelées concassées
2 citrons verts
1 cuillère à soupe de farine
10 cl d'huile d'olive
Poivre

3 oignons verts
1 branche de céleri
100 g de raisins secs
1 cuillère à soupe de curry en poudre
1/2 bouquet de persil
Sel

PRÉPARATION 25 MIN.

Peler et hacher l'oignon et l'ail.

Laver et couper la branche de céleri en petit tronçons.

Zester les citrons.

Dans une cocotte faire revenir dans de l'huile d'olive l'ail, l'oignon et le céleri, ajouter la viande, saupoudrer avec la farine, bien mélanger sur feu vif.

Ajouter la tomate, le curry, les raisins et 15 cl d'eau, le zeste et le jus des citrons, saler, poivrer. Laisser mijoter 1h30 au moins.

Hacher le persil.

Servir chaud avec un riz Thai, parsemer de persil.

Sauté d'agneau au curry

Emincé de veau aux champignons

Cuisson : 1H30 min	Difficulté : facile

INGRÉDIENTS POUR 4 PERSONNES

750 g de veau
2 échalotes
Poivre noir fraîchement moulu
30 g de beurre
150 g de champignons
Le jus de 1/2 citron
Bouquet garni

100 ml de vin de madère
Sel
30 g de farine
30 cl de bouillon de volaille ou de légumes
1 jaune d'oeuf
4 clous de girofle
15 cl de crème fraiche

PRÉPARATION 30 MIN.

Émincer le veau.

Peler les échalotes, les piquer de clous de girofles.

Placer le bouillon dans une cocotte avec le veau, l'échalote et le bouquet garni, saler, poivrer. Laisser cuire à feu doux pendant 1 heure.

Nettoyer ou égoutter les champignons si ils sont en conserve.

Filtrer le liquide et faire un roux blanc, pour cela faire fondre le beurre dans une casserole, ajouter la farine, bien mélanger, ajouter lentement le bouillon de cuisson et le madère, monter à ébullition quelques minutes. Ajouter la crème et les champignons. Rectifier l'assaisonnement si nécessaire. Laisser mijoter à feu doux, puis ajouter le jaune d'oeuf et le citron, laisser encore mijoter quelques minutes sans faire bouillir.

Ajouter le veau et maintenir à feu très doux jusqu'au moment de servir.

Servir avec du riz, des pommes de terre vapeur ou en purée ou une poêlée de légumes croquants.

Emincé de veau aux champignons

PAUPIETTES DE VEAU FAÇON CIVET

Cuisson : 60 min   **Difficulté :** facile

INGRÉDIENTS POUR 4 PERSONNES

8 paupiettes
1 oignon
1 bouquet garni
1 l de vin rouge
Sel

3 échalotes
200 g de lardons allumettes
30 g de farine
2 clous de girofle
Poivre

PRÉPARATION 20 MIN.

Peler et émincer les échalotes.

Faire dorer les paupiettes à l'huile dans une cocotte avec le lard et l'échalote. Saupoudrer de farine
Ajouter le vin rouge.
Ajouter le bouquet garni et l'oignon piqué avec les clous de girofle, saler poivrer.

Laisser cuire 1 heure environ.

Servir avec des pommes de terre vapeur, des tagliatelles, du riz.

Paupiettes de veau façon civet

Cabillaud à la tomate

Cuisson : 45 min	Difficulté : facile

INGRÉDIENTS POUR 4 PERSONNES

1 dos de cabillaud
50 g de beurre
500 g de tomates fraîches ou en boîte
Laurier
10 cl de vin blanc sec
Olives noires
Poivre

2 échalotes
1 c à soupe d'huile
Thym
1 gousse d'ail
1 citron
Sel

PRÉPARATION 20 MIN.

Émincer les échalotes, les faire revenir dans le mélange beurre-huile.

Ajouter les tomates pelées et concassées, le thym, le laurier, l'ail écrasé et le vin blanc, saler, poivrer. Laisser cuire à feu doux, à découvert, pendant 30 min.

Couper le dos de cabillaud en cubes et couper quelques tranches de citron.
Mettre le poisson, le citron et les olives dans la tomate, couvrir et continuer la cuisson pendant 15 min.

Servir dans le plat de cuisson avec des pommes de terre vapeur ou du riz créole.

Cabillaud à la tomate

Tripes à la mode de Caen

Cuisson : 6 h   Difficulté : facile

INGRÉDIENTS POUR 6 PERSONNES

1 kg de tripes de boeuf ou de veau
400 g d'oignons
1 bouquet garni (thym, laurier, persil...)
1 petit verre de calvados
Sel
1 clou de girofle
Matériel :
Une marmite en terre cuite

1 pied de veau
800 g de carottes
2 gousses d'ail
75 cl de cidre brut
Poivre

PRÉPARATION 40 MIN.

Préchauffer le four à 210 °C.

Rincer soigneusement les tripes et les couper en carrés avec des ciseaux.

Peler et hacher les oignons et l'ail.
Peler et couper les carottes en rondelles.
Couper le pied de veau en morceaux.

Placer une couche d'oignon et d'ail haché dans une marmite en terre cuite. Saler et poivrer.

Continuer avec une couche de tripes et de pied de veau, une couche de carottes, une couche d'oignons, une couche de tripes et de pied de veau et une couche de carottes...
Terminer par une couche de tripes.
Verser le calvados et le cidre, ajouter le bouquet garni et le clou de girofle.

Couvrir et cuire au four pendant au moins 6 heures.

Servir avec des pommes de terre vapeur.

Tripes à la mode de Caen

POULET AU VIN

Cuisson : 45 min   Difficulté : facile

INGRÉDIENTS POUR 4 PERSONNES

4 blancs de poulet
25 cl de fond de volaille
60 g de lardons fumés
1 cuillère à soupe de vinaigre
Poivre
Laurier

30 cl de vin rouge
2 échalotes
1 cuillère à soupe de farine
Sel
Thym
Huile.

PRÉPARATION 40 MIN.

Peler et émincer l'échalote.
Couper les blancs de poulet en gros morceaux.

Faire revenir le poulet, les lardons et les échalotes, ajouter la cuillère de farine, bien mélanger, ajouter le vin rouge et le fond de volaille. Bien mélanger en grattant le fond.
Ajouter le vinaigre le thym et le laurier, saler, poivrer.

Laisser mijoter 40 min.

Servir avec des tagliatelles fraiches.

Poulet au vin

Blancs de poulet crème et champignons

Cuisson : 45 min   Difficulté : facile

INGRÉDIENTS POUR 4 PERSONNES

4 blancs de poulet   40 cl de crème fraiche épaisse
2 échalotes   250 g de champignons de Paris
15 cl de fond de volaille   Sel
Poivre   Beurre ou huile

PRÉPARATION 40 MIN.

Nettoyer et émincer les champignons.

Peler et hacher les échalotes.

Avec un couteau bien aiguisé, ouvrir les blancs de poulet en 2 sans les séparer.

Dans une poêle, faire dorer au beurre ou à l'huile les blancs de poulet, retirer et réserver au chaud.

Dans la même poêle faire suer les champignons avec les échalotes, une fois leurs eaux rendus, déglacer au fond de volaille, laisser réduire, ajouter la crème, saler, poivrer, bien mélanger, laisser réduire 5 min et remettre le poulet, laisser mijoter 30 min à couvert.

Servir avec pâtes, du riz, ou des pommes de terre.

Blancs de poulet crème et champignons

Coq au vin

Cuisson : 1H30 min   Difficulté : facile

INGRÉDIENTS POUR 4 PERSONNES

1 coq coupé en morceaux
200 g de lardons fumés
20 petits oignons grelots
20 g de beurre
2 échalotes
Laurier
Poivre

50 cl de vin rouge
200 g de champignons de Paris
20 g de farine
2 gousses d'ail
Thym
Sel

PRÉPARATION 20 MIN.

Éplucher les oignons, l'ail et l'échalote.
Hacher l'ail et l'échalote.

Nettoyer les champignons de Paris, couper le pied, les émincer.

Dans une cocotte faire revenir le coq dans de l'huile, le faire dorer.
Ajouter les oignons, les lardons, les champignons, l'ail, l'échalote, faites revenir 5 min.
Ajouter le vin, le thym, le laurier, saler, poivrer, faire cuire à feu doux pendant 1 h 15 environ.
Mélanger le beurre et la farine et le rajouter à la sauce en fin de cuisson.

Servir chaud avec des tagliatelles ou des pommes vapeur.

Choisir un très bon vin, de préférence un Bourgogne ou un Beaujolais

Coq au vin

Nage de coquillages et crevettes

Cuisson : 30 MIN   Difficulté : facile

INGRÉDIENTS POUR 4 PERSONNES

1 l de moule
500 g de crevettes crues
1 gousse d'ail
1/4 l de vin blanc sec
2 pincées de safran
Sel
Persil

500 g de palourdes
3 échalotes
10 cl de crème fraiche
1/2 l de fumet de poisson
Beurre
Poivre

PRÉPARATION 20 MIN.

Peler et hacher l'ail et l'échalote.

Ouvrir les moules et les palourdes sur feu vif, garder l'eau des coquillages. Réserver.

Décortiquer les crevettes en laissant juste la queue.

Dans une cocotte, faire revenir l'ail, l'échalote et les crevettes, déglacer au vin blanc et laisser réduire, ajouter l'eau des coquillages, le fumet de poisson et les coquillages.
Saler, poivrer, ajouter le safran, et enfin la crème, laisser mijoter 15 min.

Hacher une belle poignée de persil.

Servir bien chaud, saupoudré de persil.

Nage de coquillages et crevettes

CRÉDITS

FOTOLIA.COM

© M.studio

© *FomaA*

© Dar1930

© ld1976

© Jérôme Rommé

© B. and E. Dudziński

© larik_malasha

© al62

© Viktorija

© dusk

© PhotoEd

© Joe Gough

© ChantalS

© FOOD-pictures

© S.E. shooting

© FOOD-micro

© Couquita

© SOLLUB

© azurita

© Visionsi

© Comugnero Silvana

©Valérie Rullière   *Conception graphique et mise en page*

© Syllabaire Editions
5 boulevard Talabot 30000 Nîmes
Imprimé par Amazon USA (Createspace)
Dépôt légal : Octobre 2016
ISBN :

www.ingramcontent.com/pod-product-compliance
Lightning Source LLC
LaVergne TN
LVHW072052070426
835508LV00002B/62